EXPÉDITION DE SYRIE

LA
NOUVELLE CROISADE

PAR

ALFRED POISSONNIER

Prix : 1 franc

> **DRUSES ET MARONITES**
> TURCS ET RAIAS

PARIS

CHEZ E. LEDOYEN, LIBRAIRE-ÉDITEUR

PALAIS ROYAL, 31, GALERIE D'ORLÉANS

1860

Paris. — Imprimerie de A. Henry Noblet, rue du Bac, 30

NOUVELLE CROISADE

I.

J'ai vu et étudié l'Orient ; je viens parler des peuples qui habitent ces contrées, des événements qui s'accomplissent sur ce terrain. La guerre des Turcs et des Druses contre les chrétiens est une nouvelle page à ajouter à la noble *Souna ;* nous sommes indigné sans être surpris. La Turquie est le *Dar-Harb,* pays de révolte. Comme la guerre contre les chrétiens est un devoir pour le musulman, nous venons demander paix et civilisation sur cette terre lointaine. L'expédition française en Syrie est un devoir. L'Angleterre peut surveiller l'entrée de la mer Rouge par le port d'Aden ; nous devons surveiller le fanatisme musulman en Syrie, dans les montagnes du Liban, dans la Turquie d'Europe. Le génie de la France est assez vaste pour franchir mers et monts. Si la conquête de l'Amérique a assuré au xvime siècle la grandeur politique et la prospérité matérielle de certaines nations, aujourd'hui les sentiments, les idées, les intérêts entraînent la civilisation en Orient. Nous ne devons pas oublier que plus nous allons et plus les diverses parties du monde se rapprochant et se confondant pour l'unité, plus le génie de la France a droit à la direction des courants politiques qui surgissent à l'horizon. Libre à ceux qui n'entrevoient point les destinées prochaines du monde asiatique, de circonscrire leurs intérêts et leur politique dans les étroites limites du vieux monde. Pour nous, imbu d'une pensée plus grave, nous disons hautement que tout nous entraîne à l'expédition de Syrie : la religion, le devoir, l'humanité ; et nous ne serons heureux que le jour où il nous sera permis de croire que l'Europe a pu arracher au monde barbare un domaine qui appartient aux civilisés.

L'histoire a pu enregistrer les noms des vieilles races qui vinrent s'éteindre dans les journées néfastes des premières croisades ; mais l'esprit des temps modernes comprend que, de Godefroy à Bertrand de Born, du champ de Mohacz aux Pyramides, l'expédition de Syrie est le couronnement d'une légende qui doit s'accomplir par une dernière croisade.

II.

Une note insérée au *Moniteur* français nous montre l'Europe d'accord pour approuver la proposition faite par la France d'effectuer une expédition en Syrie, pour protéger les chrétiens d'Orient.

A Beyrouth, à Saïda et sur toute l'étendue du Liban, le massacre des chrétiens est organisé et consommé. La France envoie une expédition en Syrie. Qui oserait protester?

Quinze mille chrétiens ont déjà été égorgés!

La malheureuse population chrétienne, entassée dans les villes du littoral, n'a d'autre moyen d'existence que le pain que la France fait distribuer chaque jour. Sans la généreuse assistance de ce gouvernement, cette population serait morte de faim, car aucun autre gouvernement n'a offert un morceau de pain pour soulager la faim de tant d'infortunés.

Le cœur saigne, disent les correspondants de Beyrouth et de Saïdah, en voyant dans les khans français les restes de la population de plusieurs villes et d'un grand nombre de villages, entassés pêle-mêle, demi-nus, mangés par la vermine, n'ayant d'autre nourriture que le morceau de pain que la France leur donne par ses consuls. On voit des gens de grande famille, de grands négociants, des hommes autrefois opulents, qui n'ont d'autre moyen de subsistance que l'aumône.

Les Druses publient que le nombre des chrétiens qu'ils ont massacrés dans les montagnes du Liban s'élève à **22,000**!

La monstruosité de ces faits doit faire craindre à l'Europe un massacre plus étendu, une boucherie plus complète; et de pareilles éventualités n'ont rien de chimérique. Si l'on constate un réveil du fanatisme musulman en Asie, on doit supposer que la sécurité n'est plus permise aux populations qui occupent l'Europe et qui sont encore soumises au joug musulman.

Nous n'avons pas à diriger le courant politique dans un sens favorable aux habitudes diplomatiques, à la conservation d'un empire qui se condamne lui-même, mais à approuver toute intervention active, prompte, pouvant sauvegarder la paix de l'Europe et enlever au sabre turc des populations dignes d'intérêt.

Et par l'examen de cette question, nous sommes conduit à prouver que l'empire turc n'a aucun des caractères propres à la vitalité.

Le temps est venu de la dernière croisade. Les populations qui occupent le territoire musulman et qui vivent sans garantie de droits, demandent un classement régulier dans le cercle européen. Cette demande comporte tous les caractères de l'équité. Nous allons en Chine pour venger une insulte et satisfaire des appétits commerciaux, nous pouvons et nous devons aller à Constantinople et en Syrie pour arrêter le massacre des chrétiens. Ce n'est point là un courant trompeur, un dérivatif politique, mais l'affirmation tardive d'une vérité. L'empire turc ne donne plus de sécurité à l'Europe. L'unité est devenue nécessaire aux intérêts généraux, et les lois politiques ne doivent point laisser en dehors du droit général un territoire aussi étendu que celui de la Turquie. Les émigrations vers l'Amérique sont un contre-sens européen. Sur les frontières de l'Allemagne et de la Hongrie, il existe une immensité de terrain capable de suffire aux colonisations les plus nombreuses.

Le flux qui entraîne en Amérique et en Australie doit d'abord couvrir l'Orient, et, pour arriver à ce résultat naturel, il faut placer ces peuples sous la protection de lois qui ne heurtent aucun des sentiments politiques et religieux qui les intéressent et les affectent plus ou moins directement ; il faut les soustraire complétement à l'autorité du Turc, qui ne comporte aucun des caractères de nation rudimentaire, primordiale.

Sans la réglementation de ces intérêts, disons mieux, sans la satisfaction complète de ces aspirations nationales, l'Europe ne peut songer à sa sécurité.

Le canal de Suez et la voie qui nous ouvre les Indes doivent être complétement dégarnis d'obstacles, avant d'établir le courant régulier qui doit porter la civilisation dans ces contrées, et les fondements de cet édifice politique manqueraient de solidité si on ne donnait point la priorité à la question orientale.

Les grandes puissances européennes n'éprouveront pas plus de difficultés dans la réglementation de ces intérêts, qu'elles n'en ont éprouvé dans la question italienne.

En conservant l'empire turc, l'Europe doit se préparer à surveiller une révolution entreprise contre le système musulman, et en réglant cette question orientale, l'Europe organise des nationalités en arrêtant la révolte.

Il faut choisir entre ces deux hypothèses. Le temps est venu de la dernière croisade. Les peuples d'Orient, qui attendent et espèrent leur émancipation, bénissent ceux qui les soutiennent, maudissent ceux qui les abandonnent.

III.

Parcourez l'Orient, de Belgrade à Alexandrie, d'Athènes au Caire, vous ressentirez partout un mouvement inusité, incomparable.

Un grand fait se prépare, il est mûr dans les esprits des hommes, il est inscrit dans le champ du Bulgare, il a parlé dans les montagnes arides du Monténégro, sur les flancs crevassés de l'Attique, comme dans les steppes de la Roumanie.

Est-ce l'ombre de *Sterghias* qui crie : Allons-nous cantonner dans les repaires des loups?

Est-ce *Souli* qui se lamente et dit aux pachas : Ce n'est point ici Préveza, pour y bâtir des forteresses !

Ni *Janina,* pour y faire des jets d'eau !

Non point ce jour encore, mais bientôt peut-être, car ce sont les raias qui demandent justice contre les avanies des Turcs, c'est l'esprit de nationalité qui soulève la poussière de Boussa, et du sommet des Balkans aux gorges des Carpathes, évoque l'inspiration de la femme de Tzavellas et tient éveillés les successeurs de Georges le Serbe, de Michel le Roumain.

Les chrétiens opprimés en Orient demandent compte du passé et de l'avenir. Les temps approchent, les hordes asiatiques doivent lever leur campement et passer le pont jeté sur la Corne-d'Or, en emportant sous leurs robes traînantes leur Dieu mort qui doit retourner aux civilisations mortes.

Tous les peuples qui les entourent et qu'elles tiennent courbées sous ce ciel brillant et sur cette terre fertile, attendent et espèrent la dernière croisade.

IV.

On trouve en Orient, sous le toit du Bulgare, une légende étrange et expressive. Cette légende est l'image réelle des aspirations de tous les peuples qui vivent sous l'autorité des musulmans.

« Dieu parle, la terre sonne, le ciel tremble, Sainte-
« Sophie sonne ! Le grand couvent de Sainte-Sophie
« avec ses quatre cents carillons et ses soixante cloches.

« Une cloche, un prêtre, un prêtre, un diacre.
« Moment solennel ! c'est le jour où doit être présenté le
« roi des rois. — Voyez : un ange est descendu du ciel,
« il crie : — Turcs, suspendez vos chants des morts ;
« lumière, brillez, car telle est la volonté de Dieu, Cons-
« tantinople doit retourner aux chrétiens.

« Envoyez dans le pays des Francks demander trois
« bâtiments : l'un rapportera la croix, l'autre l'Evangile
« et le troisième, le plus beau, la Sainte-Table.

« Hâtez-vous, car si vous ne vous hâtez, les Turcs re-
« commenceront à dire le chant des morts.

« La Mère de Dieu tremble encore. — Rassurez-
« vous, ô Mère de Dieu, le moment est venu de la der-
« nière croisade.

« En ce moment, il y a sur la plage du Bosphore une
« femme qui fait griller du poisson. Une voix d'en haut,

« voix puissante lui crie : — Allez annoncer la grande
« nouvelle, les Turcs vont quitter Constantinople !

« — J'aurai foi, répond la pauvre femme, quand le
« poisson que j'ai là, mort, sautera vivant dans la mer.
« En ce moment même, le poisson mort tomba vivant
« dans la mer.

« Alors la pauvre femme est revenue à Constantinople
« pour annoncer la grande nouvelle : — Les Turcs doivent
« quitter Constantinople et cesser le chant des morts.
« Elle court dans les monts et dans la plaine répétant
« sans cesse : — Les Turcs vont quitter Constantinople et
« cesser le chant des morts ! peuples d'Orient espérez ! »

Les massacres du Liban n'auront plus cours.

V.

Ces manifestations des populations chrétiennes de
l'Orient sont-elles justifiées politiquement et religieuse-
ment ? Où est le droit et la vérité, de Mahomet à Jésus,
du Coran à la Bible, de la civilisation à la barbarie ?

Depuis que les Turcs sont venus camper au milieu
des civilisés, l'esprit de progrès a été supendu chez les
races latines et slaves soumises à leur domination.

Constantinople, ce grand vol commis par Mahomet II
sur les sectateurs de la croix, reste, depuis 1453, en-
dormie sous le fatalisme du système musulman.

Le sultan actuel avoue que cette cour, ces mœurs,
ces lois qui l'environnent, l'arrêtent à chaque pas, l'em-
prisonnent et le conduisent vivant à la tombe.

L'assemblage tenté comme essai de garantie de paix
européenne ne porte aucun fruit. Les peuples d'Orient,
un instant rassurés, sont retombés encore sous l'arbitraire, car les Turcs fuient et craignent la civilisation
comme les kalifes d'Hakem craignent et fuient un
attouchement humain.

Les chrétiens, soumis au régime turc, n'attendent
plus les réformes des Akbars, ne croient plus à l'effica-
cité du hatti-humayoun, ce gland auquel il faudra des
siècles pour produire un chêne; ils veulent et demandent la reconnaissance de droits positifs qui les ratta-
chent à l'équilibre européen par une confédération dis-
tincte, nationale.

Un système administratif bâtard ne ferait que prolonger la lutte sans aboutir à un résultat profitable.
Roumains, Bulgares, Serbes, Grecs et Monténégrins
sont unifiés par les mêmes aspirations, unis par la même
volonté, le même but, celui de briser le joug musulman.

Ces populations demandent, comme les États italiens,
une vie propre, une place active et fructueuse au centre
du mouvement civilisateur. Par leurs souffrances, leur
origine, l'énergie de leurs actes, ces peuples sont dignes
d'intérêt. Sans gouvernement et sans lois, leur existence
est un contraste monstrueux en Europe. Si l'apathie ou
le fatalisme de sa doctrine a rendu le Turc indifférent à
toute rénovation, s'ensuit-il que les peuples doivent
éternellement se soumettre à ce fatalisme? Poser un
tel principe, le tolérer même, c'est ne laisser d'autre

alternative que la révolte, d'autre espérance que le côté militant.

Si, en 1860, comme aux temps d'Orkan Ier, les Ulémas et les Mevlevis peuvent d'un jour à l'autre renouveler les massacres de Djeddah et du Liban, jusqu'aux portes de l'Europe, que doit-on faire? Sans nul doute, les soldats du Serdar-Omer ne sauraient préparer encore les envahissements de la Thrace, mais cette oppression militaire, qui laisse la Turquie soumise à la dictature des pachas et livre sans contrôle la population à l'arbitraire, peut-elle indéfiniment se prolonger?

Si nous sommes pour la civilisation en Italie, pourquoi serions-nous contre les chrétiens en Orient? Notre expédition en Syrie est légitime.

L'Angleterre semble redouter la puissance russe en Orient, et pour annuler cette prépondérance incontestable, elle ne trouve rien de plus ingénieux que d'affermir les idées musulmanes, rien de plus opportun que de soutenir la cause des oppresseurs contre les opprimés.

L'exagération même de ses principes politiques conduit l'Angleterre à l'impopularité. Un instant compromise dans la question italienne, elle a voulu prendre sa revanche dans la solution sarde, et cette tardive expiation ne saurait couvrir son libéralisme mercantile.

L'Angleterre a des points stratégiques dans la Méditerranée, mais elle n'a aucune affinité avec ses protégés. On s'observe sans se donner, on trafique sans autre lien que l'intérêt, et dans toutes ses possessions, proches ou lointaines, l'Angleterre compte plus de clients que de serviteurs, plus d'intéressés que de dévoués.

Comme le mouvement régulateur de ses principes a
conduit l'Angleterre au sacrifice complet des intérêts
moraux pour la possession des intérêts matériels, cette
puissance ne doit nullement s'étonner de l'isolement
dans lequel elle vit en Orient. Les marchés sont abon-
damment pourvus de ses cotonnades, mais la liaison
cesse au delà du comptoir.

Moins riche en produits, la Russie s'est exercée dans
l'art merveilleux des affinités religieuses, et, sans heur-
ter les sentiments des peuples soumis aux Turcs, elle a
fourni, dans toute la mesure de sa sphère politique, les
secours que comportait sa propre civilisation. Active,
prudente, cette nation, dont les étapes sont marquées
au compas, ne saurait être limitée en Orient que par
un dévouement égal aux intérêts des opprimés, à la
cause dont elle semble revendiquer toute priorité. Il
faut la surpasser en dévouement pour la surpasser en
politique. La Turquie ne saurait se bercer des souvenirs
du champ de Mohacz, et l'émancipation des provinces
danubiennes, accomplie sous la protection française, est
pour tous les autres peuples un présage heureux pour
leur propre émancipation.

Le 25 septembre 1858, l'organe officiel français
adressait à la Turquie cet avertissement : *Nous sommes
maintenant en droit d'exiger que cet empire remplisse
son devoir envers lui-même et envers nous.*

Voyons les réformes accomplies, les abus détruits,
examinons la situation présente de cet empire, afin de
constater si cette situation offre des garanties de sécurité
pour l'Europe, et si la marche administrative de cet

État peut concorder avec le mouvement civilisateur de l'Occident. Les Turcs sont-ils plus dignes d'intérêt que les peuples confiés à leur suzeraineté? Que font-ils de l'autorité qu'ils s'arrogent sur les chrétiens?

« Les gouvernements, les commandements militaires,
« les hauts emplois se donnent à la faveur et comme au
« hasard, ou se vendent au plus offrant; c'est une des
« sources de la fortune énorme et scandaleuse des
« ministres ; c'est la vente des places qui élève tant de
« palais sur le Bosphore. Tout le monde trempe un peu
« les mains dans ce trafic, et le harem impérial n'y
« reste pas étranger.

« Les Turcs qui ont visité l'Europe sont généralement
« regardés comme propres à tout, quoique souvent ils
« ne soient bons à rien ; l'un a suivi une école de cava-
« lerie européenne, on en fait un général ; puis, comme
« la fortune ne couronne pas ses exploits sur terre, on
« en fait un grand amiral et le mal de mer en fait un
« premier ministre.

« Un autre a étudié la médecine, on en fait un gou-
« verneur de ville, ou on lui confie les finances de l'Etat.
« Ces inepties se répètent tous les jours. »

Il en résulte que, s'il s'agit de circoncire un prince, c'est le ministre du commerce et de l'agriculture qui en est chargé. Mauvais ministre, à coup sûr, ou mauvais chirurgien.

Un fils de famille convoite-t-il une place de gouverneur? Dans ce cas, il n'a d'autre voie que celle tracée par les usages administratifs, se faire appuyer pécuniairement par un banquier, contracter d'abord un enga-

gement écrit avec ledit banquier juif, grec ou armé-
nien, puis remettre son affaire à ce délégué, qui traite
de gré à gré avec l'administration turque.

La nomination faite, le brevet délivré, le gouverneur
s'achemine dans sa localité accompagné d'un secrétaire
nommé par le banquier, et ledit secrétaire a pour mis-
sion non-seulement de rentrer dans ses déboursés, mais
de pressurer le raia, d'imposer extraordinairement le
chrétien. Le centre administratif est éloigné et l'administration déjà compromise ne peut admettre de réclama-
tion. Il s'ensuit que le raia est à la merci des gouverneurs, et qu'en outre de son impôt fixe, le raia doit
payer l'installation de tous les nouveaux gouverneurs
commandités par les banquiers juifs, grecs ou arméniens.

C'est par ces voies illégales, à la suite de ces vexations
inouïes que l'empire turc est constamment menacé
d'une révolte ; c'est à la suite de ces avanies perpétuelles
que la Dobrutcha s'est peuplée de Bulgares et que le
dernier mot d'espérance s'est résumé dans le mot
combat.

Constantinople, ce grand centre soumis plus particulièrement à la surveillance des ambassadeurs, cette
localité même où les capitulations peuvent être appli-
quées, est à la merci des aventuriers qui rançonnent les
commerçants, d'aventuriers organisés qui ne craignent
pas d'aller taxer un négociant, de frapper un impôt avec
l'audace des écumeurs de l'Archipel.

Le négociant obligé de supporter ces avanies n'ose
invoquer ni la loi, ni la police, ni les capitulations ; car
la loi est vaine, la police vénale ou maladroite, et les

capitulations n'empêcheront point le meurtre ou l'incendie.

Le gouvernement turc est dans une impasse politique. Les puissances protectrices ne peuvent abandonner les capitulations, et l'administration est dans une situation impropre aux améliorations.

Non-seulement la propriété du négociant n'est point assurée commercialement par des lois efficaces, mais sa maison, sa personne, sa famille se trouvent à la merci des aventuriers.

Les faits que nous relatons ne sont point accidentels, isolés, c'est la vie normale de l'administration, la vie propre du gouvernement turc. Il faut presque toujours mettre une armée en campagne pour faire rentrer les contributions, assurer le recrutement.

Souvent même les monstruosités les plus inouïes sont pratiquées par les employés turcs ; ambitieux, vindicatifs, ils sont constamment occupés de délations et d'intrigues. Il y a peu de temps qu'un chirurgien turc, supérieur par le talent à ses collègues, était chargé d'un service important à un hôpital de Constantinople ; n'ayant pu être éloigné de ce poste par les intrigues ordinaires, certains de ses collègues eurent recours au moyen le plus odieux : d'accord avec un pharmacien, ils donnaient aux malades d'autres médicaments que ceux qui leur étaient ordonnés ; une mortalité effrayante s'ensuivit et l'on en profita pour demander l'éloignement du chirurgien en chef. La justice eut connaissance de ce fait, mais elle n'intervint pas.

Les excès des gouvernements et les vols des employés

sont quelquefois punis, mais, après quelques mois de galères ou d'exil, ces employés reparaissent sur l'horizon politique ou administratif avec une position plus élevée.

Certains capitalistes supposent que la fausse situation de la Turquie peut favoriser le commerce, faire fructifier les nouvelles entreprises. Il importe de détromper l'opinion publique ; il importe surtout d'éclairer les capitalistes.

Le Code de commerce date, en Turquie, de l'année 1850. Alors le gouvernement ottoman, pressé par les diverses ambassades, accorda les tribunaux mixtes, mais il se réserva la nomination des juges ; grâce à cette concession, toutes les sentences du tribunal de commerce furent soumises à l'arbitraire et à la vénalité des juges. En voici un exemple : les habitants du district de Vrania ayant à se plaindre des exactions du fils du célèbre Hussein-Pacha, députèrent à Constantinople des délégués au Tanzimat ou conseil suprême ; les délégués restèrent quatre années consécutives à Constantinople sans obtenir satisfaction ; plusieurs furent emprisonnés.

Le Code administratif date de 1846, mais son exécution est aussi incomplète que celle du Code de commerce. Nous n'en citerons qu'un exemple : Une compagnie anglaise, sous la direction d'un certain Branell, avait ouvert, à Korneil, dans le Liban, une mine de charbon ; fatigué des entraves administratives, ce directeur se rend au Caire et laisse au gouverneur le soin de faire extraire le charbon des mines. Le caïmacan chargé de ce travail de houille ayant été réprimandé par Ibrahim-Pacha, au sujet de la lenteur des travaux, se décida à descendre dans les mines, et trouvant à l'entrée de grands blocs de houille qu'il jugea avoir été oubliés, il commanda aux ouvriers de les enlever. C'étaient des piliers de soutènement laissés là pour la sûreté des galeries. La mine s'écroula sur les ouvriers, et il n'en fut plus question.

Non-seulement le commerce ne peut faire de bonnes affaires en Orient sous l'empire d'une telle législation, mais le fond du caractère turc est de ne rien faire et de paralyser toutes les entreprises des chrétiens.

Les nations qui sont parvenues à se soustraire à la direction administrative des Ottomans vivent encore d'une vie normale, mais les peuples assez malheureux pour n'avoir pu échapper à cette domination sont dans l'ilotisme et l'abrutissement.

Le sultan absorbe, à lui seul, le dixième du budget, et il a dépensé 17 millions pour la circoncision d'un de ses fils.

Un proverbe turc résume en deux mots l'état financier des États musulmans : *Fantasia thok, para yok,* beaucoup de fantaisie et pas d'argent.

Nous avons dit que la Turquie n'avait point d'administration, nous affirmons qu'elle n'a point d'armée spéciale. Obligée de faire des levées parmi les insoumis, elle est astreinte à dépenser annuellement plus d'argent et d'hommes qu'elle ne peut en obtenir.

L'état-major, calqué sur nos cadres français, n'est qu'une vaine formule, et la fabrication de leurs armes leur coûte trois fois plus cher que les armes françaises. Le soldat y est patient, l'officier incapable. Le corps médical est d'une ignorance notoire. La plupart des officiers ont été recrutés parmi les exilés politiques. D'une bravoure incontestable, leur science théorique est nulle. La solde est irrégulièrement payée aux soldats, et les chefs militaires vivent de concussions.

Le sultan a cependant doublé la solde des officiers subalternes; mais cette solde n'a jamais été intégralement payée.

La marine turque se borne à quelques transports à vapeur, et les capitaines sont souvent dépourvus, dans leurs voyages, des appareils les plus indispensables.

Ainsi, point d'administration, point d'armée, point de finances. Cependant quelques esprits blasés croient à la paix du harem, à la vie paisible du Turc. C'est une erreur. Dans les harems se jouent les drames les plus compliqués. Le poison est un acteur qui y parle souvent. Le café parfumé conduit souvent à la tombe. La justice ne vient point constater le crime, et cependant le crime est flagrant. L'esclave s'est vengé, le maître s'est débarrassé de l'épouse.

L'autopsie, d'ailleurs, est contraire à la loi, et on ne saurait croire à quel nombre s'élèvent l'infanticide et l'avortement.

A ceux qui nous demanderont ce que fait la justice, nous répondrons simplement : La justice se vend, les lois ne sont faites que contre les raias. Et tout ce système turc est étayé sur des sociétés religieuses divisées en plusieurs ordres rivaux et toujours jaloux les uns des autres. Ces ordres connaissent toutes les intrigues politiques de l'Occident, ils s'y associent pour faire un sillon politique profitable à leurs intérêts et à leur ambition.

Tous les pachas, grands ou petits, appartiennent à une association religieuse, et chaque membre doit apporter son tribut de délation, de mensonge; la partie appartient aux ordres audacieux. Ils constituent de véritables sociétés secrètes, et les membres subalternes ne connaissent point le but à atteindre. Ces sociétés fournissent les administrations et les ambassades, les gouverneurs et les harems. La diplomatie européenne est venue jeter son courant au milieu du courant musulman. Les intrigues se croisent avec un silence lugubre.

On croit généralement que le musulman accomplit avec foi et onction toutes les prescriptions du Coran, et on est presque tenté d'excuser ce fanatisme, en raison même du respect dû à toute croyance. C'est une erreur, les habitants des villes saintes ne sont que des commerçants qui spéculent sur la niaiserie des fidèles. M. Fresnel, consul à Djedda, demandait à un des gardiens de la Kaaba, que l'on désigne sous le nom de mutaw-waf, s'il guidait lui-même les pèlerins. « Cela dépend de leur costume, répondit-il; » s'ils sont bien vêtus, je les conduis moi-même, mais si leur extérieur est misérable, j'appelle un de mes gens, et je lui dis : « *Fais tourner cet âne autour du moulin.* »

Les gouverneurs des provinces cherchent ordinairement à s'entendre avec les chefs des sectes religieuses, afin de partager les impôts, mais nul ne se livre à l'autre. Ils s'observent sans cesse, se voient diplomatiquement. Aussi, les princes ou gouverneurs font goûter tout ce qu'ils touchent, ayant sans cesse à redouter le poison. « On me reproche, disait Abbas-Pacha, d'être soupçonneux et cruel ; mais je suis un chat qu'on étrangle, je mordrais au besoin. »

Maintenant que nous connaissons les Turcs dans leurs relations de famille, dans leurs rapports administratifs, examinons-les dans leurs relations avec les raias.

Le raia est tellement courbé par l'arbitraire, qu'il ose à peine porter sa pensée sur ses maîtres et examiner la loi brutale qui l'accable. Un exemple, relaté par M. Descayrac de Lauture, fera comprendre l'étendue du mal qui les accable : « Plusieurs chrétiens, officieu-
« sement protégés par la France, s'étaient plaints des
« exactions dont un pacha les rendait victimes : notre
« agent français se rendit chez le pacha, formula ses
« plaintes et nomma ceux qui lui avaient parlé ; le
« pacha les fit chercher, et notre consul français fut
« confondu, car tous jurèrent ne lui avoir point parlé et
« nièrent l'existence des exactions dont ils s'étaient
« plaints.

« Le pacha ne put alors s'empêcher de sourire : — Com-
« ment, dit-il à notre consul, avez-vous pu croire de
« tels hommes ? »

A l'aide de l'impôt du kharadj, le gouvernement turc est parvenu à prélever sur les raias 30 millions, sans compter les impôts particuliers des gouverneurs civils et militaires.

Les Orientaux se représentent encore l'Europe comme soumise au sultan, et dans l'ignorance de cette vérité, durant la guerre de Crimée, certain poëte du Bosphore remet à l'un des grands ministres une ode, pour être déposée aux pieds du sultan. Le poëte, alors peu versé dans les habitudes de cour, représentait l'Empereur des Français comme le bras droit du sultan. « Il ne faut pas remettre une telle épître, répondit le ministre, car le sultan, qui a fait venir des musiciens d'Angleterre et des tambours de France, pourrait déposer le kral français qui est soumis et tributaire. »

Si, comme corollaire de ces idées, comme complément de cet aperçu, nous ajoutions que la guerre sainte est un devoir pour le musulman, que le massacre des chrétiens est un saint sacrifice, nous avons le droit non-seulement d'approuver l'expédition de Syrie, mais de mettre en demeure l'Europe entière de régler les destinées d'un tel empire, qui est à la fois un danger et un épouvantail.

LE MASSACRE.

Les premiers troubles datent du mois de mai ; déjà alors des assassinats eurent lieu, et les Druses entonnaient leurs chants de guerre. Churchid-Pacha envoya à la même époque un petit corps d'irréguliers dans le Liban ; mais on s'aperçut que, dès le début, le pacha jugeait la question à un point de vue peu favorable pour les chrétiens, puisqu'il expédia un message au consul général anglais, M. Moore, pour l'informer qu'il attribuait les désordres aux machinations d'un comité de chrétieus siégeant à Beyrouth et comprenant quelques raias et des sujets ottomans placés sous la protection étrangère.

C'est de cette même époque que datent de nombreuses plaintes adressées par les chrétiens des districts mixtes du Liban au pacha, au sujet des assassinats répétés qui avaient lieu dans cette partie du pays. On voit par ces mêmes plaintes qu'en beaucoup de circonstances les chrétiens ont été obligés de prendre la fuite, en désertant leurs foyers et leurs récoltes, et que souvent même ils ont été frappés dans leur fuite par les Druses, dont les crimes sont toujours restés impunis.

Ces documents prouvent donc que les avertissements les plus sérieux n'avaient pas manqué aux autorités turques, même dès le mois de mai dernier.

L'inaction du pacha local augmenta l'audace des Druses qui ne tardèrent pas à porter leurs ravages jusque dans les plaines de Beyrouth ; nous voyons les consuls tenir un langage excessivement énergique auprès des autorités turques après l'assassinat d'un certain émir, El-Kassim, vieillard de 85 ans, devenu complétement aveugle, à qui les pillards ouvrirent la gorge et qu'ils coupèrent en morceaux.

Le 1er juin, les consuls d'Angleterre, de France et d'Autriche à Beyrouth se rendirent au camp de Churchid-Pacha, à une lieue de cette ville, dans le but d'offrir leur appui aux autorités turques pour assurer la vie et les propriétés des habitants des districts. Le pacha déclara qu'il prenait toutes les mesures nécessaires pour faire cesser les désordres et empêcher la guerre, et qu'il répondait des Druses.

Le lendemain de l'entrevue des consuls avec Churchid-Pacha, les Druses, commandés par Beschir-Bey-Neked, s'emparèrent de Der-el-Kamar, ville maronite, sans que le pacha prît la moindre mesure contre les assaillants. Bien plus, la garnison turque resta spectatrice de l'attaque et prit même parti contre les chrétiens.

Les actes de brigandage continuèrent presque sans interruption. Le 9 juin, les villes de Kasheya et de Hasbeye, dans l'anti-Liban, furent détruites. Dans la première de ces villes la plus grande partie de la population chrétienne masculine fut assassinée. « Les enfants mâles de 6 à 8 ans et les enfants plus âgés, dit le consul Brant, de Damas, furent recherchés et massacrés. » Vers le même temps, un Druse, au service de la Turquie, reçut l'ordre du muchir de protéger les familles des émirs et des chrétiens; soixante et dix chrétiens furent ainsi confiés à sa garde, mais il les massacra en route.

On voit dans un grand nombre de cas les autorités turques rester inactives après avoir promis d'intervenir, et être ainsi la cause de grands malheurs que leur intervention eût pu empêcher.

Le consul d'Angleterre à Damas, en parlant de cette ville, dit que la conduite du pacha fait croire « que S. Exc. désire la destruction des chrétiens et que la sécurité de Damas lui importe peu, déterminé qu'il est, si elle était occupée par les Druses, à s'enfermer dans le fort et à détruire la ville par le canon. » C'est postérieurement à cette appréciation que des centaines de chrétiens ont été égorgés à Damas.

Des scènes de désolation semblables ont eu lieu à Alep, à Orfa et ailleurs. Toutes les relations semblent confirmer les accusations portées contre certaines autorités.

Cette correspondance se termine par l'extrait suivant d'une lettre du capitaine Paynter, adressée au vice-amiral Martin, en date de Beyrouth, le 28 juin :

« Ma dernière dépêche vous a fait connaître la situation de la Syrie jusqu'au 26.

« Beyrouth se tranquillise. Sydon et Tyr sont en sécurité pour le moment.

« Le bâtiment anglais *Gannet*, se rendant à Athènes, a dû par sa présence rassurer les vice-consuls sur la côte jusqu'à Caïffa.

« Le *Mohawk* visitera Sidon, Tyr et Caiffa, restera deux jours dans chacune de ces villes, et sera de retour à temps pour vous transmettre les renseignements par la malle française qui part d'Alexandrie et de Malte le 6 juillet.

« J'ai appris que les Druses se proposaient d'attaquer les districts chrétiens au nord du Liban, en commençant au Kesrouan.

« La tribu des Metualis, sur une légère provocation, a brûlé quelques maisons du Tilai ; cela a naturellement amené des représailles de la part des chrétiens, et la guerre qui s'éteint dans le sud pourra étendre ses ravages et ses boucheries dans le Nord. On craint beaucoup une attaque combinée des Druses, des Bédouins, des Metualis et des Musulmans contre Damas.

« Les chrétiens résidant à une heure de distance de Beyrouth viennent d'adresser une pétition au gouvernement turc et en ont envoyé copie aux consulats européens ; ils disent que la cavalerie irrégulière, envoyée par le gouvernement, les vole et les injurie, et s'empare de la nourriture de leur bétail. Les consuls ont fait des remontrances contre ces actes ; mais je ne crois pas qu'elles soient de quelque utilité, dans l'impuissance de la loi et de la justice quand il s'agit de musulmans.

« L'émigration des indigènes continue. L'*Arcadia* transporte 150 personnes à Alexandrie et à Malte, mais l'autorité ne permet plus les embarquements. Demain c'est la fête du Baïram, et si cette solennité se passe tranquillement, j'ai tout lieu d'espérer que la confiance se rétablira dans les villes de la côte. Mais le commerce des soies est perdu pour cette année. Les cocons et les arbres ont été pillés ou détruits dans plusieurs localités par les Druses.

« Les missions américaines sont abandonnées dans le Liban. Les écoles sont dissoutes et plusieurs d'entre les missionnaires s'en retournent en Amérique.

« Beyrouth, le 3 juillet 1860,

« Une dame ayant été enlevée par les Druses, à Deïr-el-Kamar, le 20 juin, vient d'arriver à Beyrouth, nu-pieds et dans un état affreux. Elle est âgée de vingt et un ans et d'une beauté rare ; son mari est le nommé Bichara-Soussa, âgé de trente-deux ans, riche, de bonne réputation et chrétien catholique, massacré par les troupes et les Druses, le 20 juin, en présence du gouverneur et de sa malheureuse femme. Permettez-moi de vous donner le récit que sa femme nous a fait sur la mort de son mari,

« Bichara-Soussa avait gagné l'estime du gouverneur. Quelques jours avant le massacre, plusieurs amis écrivirent à Bichara de s'éloigner. Celui-ci répondit qu'il était bien tranquille, et qu'à Deir-el-Kamar tous les chrétiens n'avaient qu'à se louer du gouverneur.

« Or, le jour du massacre, il vint se réfugier, avec cinq ou six cents personnes, dans le sérail du gouverneur, et quand les Druses et les troupes eurent terminé leur barbarie de la ville et n'y eurent laissé aucun vivant, ils vinrent au sérail, et le gouverneur, aussi barbare qu'eux, se mit à leur consigner les six cents réfugiés l'un après l'autre ; enfin vint le tour de Bichara-Soussa, qui s'y trouvait avec sa femme. On le saisit par la main et on le fit sortir devant le gouverneur ; il fut mené sur la place réservé pour le massacre. Bichara, à la vue des cadavres, frémit et dit aux bourreaux : « Moi aussi, je mérite le même sort ! Rachetez-moi, gouverneur, mon ami, je vous supplie. » Le barbare répondit : « Va-t'en ! » et dit aux bourreaux : « Massacrez ce giaour. »

« Le malheureux Bichara se mit à prier, puis il céda aux bourreaux 30,000 coques de cocons qu'il avait dans ses magasins, 200 caisses d'étoffes de soieries d'un prix considérable, ses bijoux, ses propriétés et toute sa fortune, avec 35,000 francs en argent.

« Le gouverneur et les bourreaux mirent la main sur toutes ces richesses et se mirent à l'exécution. Ils se rangèrent en cercle autour de lui ; le chef donna ordre, devant la victime, à chacun des bourreaux, de battre, avec le kanjar, un des côtés de ses membres, puis il releva son épée et lui en asséna un coup sur la tête ; le coup tomba sur ses doigts, qui furent coupés à l'instant et tombèrent à terre. Le chef lui donna un autre coup sur la tête, et Bichara fit la même chose avec sa seconde main, et les deux mains demeurèrent sans doigts. Les bourreaux, furieux, l'étendirent tout nu par terre et prirent de la poudre qu'ils semèrent sur tout son corps et y mirent le feu ; puis ils se mirent à l'écorcher comme un mouton, depuis le cou jusqu'aux pieds, aux yeux de sa femme. Après cette barbarie, ils le coupèrent en morceaux, en commençant par les pieds et les bras, pièce par pièce, coupant finalement le tronc et fendant la tête. »

« Beyrouth, le 11 juillet 1860.

« Un assez grand nombre d'habitants de Deïr-el-Kamar sont réfugiés ici ; les consuls ont recueilli les principales dépositions. On ne saurait se faire une idée des atrocités commises par les Druses et par les troupes turques dans cette industrieuse cité, qui avait, comme je vous l'ai expliqué, des droits particuliers à la protection efficace des autorités ottomanes. Le massacre a duré trois jours entiers ; vieillards, femmes, enfants, personne de ceux qui n'ont pu fuir à temps n'a trouvé grâce devant les Druses.

« Cette boucherie s'est consommée, vous le savez, sous l'œil des troupes, et de nombreux témoignages attestent qu'elles y ont pris part. Bien des femmes encore vivantes, dont beaucoup sont blessées, déclarent que ce ne sont pas les Druses, mais les soldats, qui ont commis sur elles les horribles outrages dont elles portent les traces.

« L'une de ces malheureuses, présentée au consul d'Angleterre, porte une large entaille sanglante sur la cuisse ; elle a déposé que cette blessure provenait de ce que les Druses, profitant de son évanouissement, s'étaient servis de sa cuisse comme d'un bloc sur lequel ils avaient décapité son enfant âgé de trois ans. Une autre dépose que, laissée vivante après avoir été violée, elle a pu prendre son tout petit enfant et fuir vers la rivière Damour; que, rencontrée par les Druses, elle leur demanda grâce pour sa fille, mais que ceux-ci, après avoir constaté que l'enfant était un garçon, l'égorgèrent dans ses bras. La malheureuse mère, à demi folle, montrait sa chemise collée sur sa poitrine par le sang de la pauvre victime qu'elle avait inutilement cherché à sauver.

« Le massacre de Deïr-el-Kamar a plus particulièrement ému Beyrouth. Cette ville était située à nos portes; les relations étaient très-fréquentes et très-importantes. La population de Deïr-el-Kamar, qui montait à 8,000 habitants, tous chrétiens, était remarquable par son activité et son intelligence en industrie et en commerce; elle produisait beaucoup de soie, d'huile et de vin; elle jouissait par son travail d'un bien-être rare encore en Syrie. Les maisons étaient bien bâties, plusieurs meublées à l'européenne; les femmes étaient remarquées pour leur élégance.

« Aujourd'hui, cette ville n'est qu'une ruine. J'ai pu la visiter (il n'y a qu'un jour de Beyrouth à Deïr-el-Kamar), et je ne saurais vous exprimer l'horreur qu'inspire un pareil spectacle; on revient épouvanté, atterré!

« Un missionnaire américain, que ses relations avec les Druses ont mis à même de sauver quelques chrétiens, nous disait en nous montrant des chaussures teintes de brun nuancé de tons rougeâtres : « J'ai marché trois jours dans le sang! »

« Les malheureux échappés au massacre de Racheya déposent que les troupes, là aussi, ont donné la main aux Druses.

« Je n'ai pas fini avec le gouverneur général de Beyrouth, Churchid-Pacha. Vous savez sa coupable conduite pendant ce drame épouvantable qui a ruiné l'une des plus riches provinces de l'empire et coûté la vie à des milliers d'individus. Pressé par les consuls qui exigeaient l'envoi de secours aux villes menacées, il discutait l'opportunité pour laisser aux Druses le temps d'agir. Il se montrait insolent avec le consul de France et lui demandait de quel droit il se mêlait de proteger les chrétiens. En même temps, des munitions étaient librement expédiées aux Druses ;

un convoi, escorté par des soldats, a été arrêté par les Maronites.

« Quand les réclamations du corps consulaire sont devenues plus péremptoires, il a envoyé des troupes qui ont laissé agir les Druses et en plus d'un point ont aidé au massacre et au pillage. Quand il s'est décidé lui-même à se rendre avec les troupes à Deïr-el-Kamar, il a laissé égorger la population sous ses yeux et consommer la ruine de cette florissante cité.

« Eh bien ! ce n'est pas tout. Une partie des habitants de Deïr-el-Kamar s'est enfuie, à l'approche des Druses, vers la rivière Damour, au bord de la mer, entre la ville et Saïda ; ç'a été aussi le point de ralliement des malheureuses femmes que les soldats se sont contentés de violer. Les consuls, avertis, ont immédiatement expédié des bâtiments de guerre sur ce point pour recueillir les fuyards. Les bâtiments sont rentrés ici encombrés. Le pont, couvert de malades, de blessés, de femmes désespérées, ressemblait à un navire chargé d'esclaves.

« Les officiers avaient les larmes aux yeux ; ils racontaient que beaucoup des malheureux qu'ils amenaient, les femmes surtout, avaient été trouvés comme fous, abrutis, et qu'il avait fallu les porter dans les canots. Savez-vous ce qu'a prétendu le pacha, le damné pacha, comme l'appellent les Anglais (*cursed pacha*) ? Il a osé déclarer aux consuls qu'il s'opposait au débarquement des habitants de Deïr-el-Kamar, dans la crainte que la vue de ces malheureux n'excitât les musulmans de Beyrouth à de nouvelles violences. On a passé outre. Les malades et les blessés ont été partagés entre les bâtiments de guerre et les sœurs de charité. Je ne saurais vous dire les prodiges d'humanité accomplis par ces saintes filles.

« Je dois ajouter qu'un vaisseau turc présent à Beyrouth n'a donné aucune aide, et qu'il n'a pas mis un seul canot à la mer pour recueillir les chrétiens sujets de S. M. I. le Sultan.

« Voulez-vous avoir une idée des dispositions des musulmans de Beyrouth et des autorités ottomanes ? Les Druses viennent librement en ville et vendent dans les bazars les objets précieux volés dans la montagne. Les troupes, la police, les fonctionnaires les reçoivent en amis. Il y a peu de jours, un Druse, un type des plus sauvages, parcourait le bazar, racontant à une foule empressée les massacres de Deïr-el-Kamar, auquel il se vantait d'avoir pris une large part.

« Ce fusil, s'écriait ce fanatique en montrant son arme, « ce fusil a abattu plus d'un giaour ! » Et les assistants, pour témoigner leurs sympathies, allèrent chercher des fleurs et en ornèrent le fusil de ce misérable.

« Un employé d'un consulat me rapporte que Churchid-Pacha a fait compter les cadavres qui se trouvaient dans l'enceinte de Deïr-el-Kamar ; il y en avait 1,875, hommes, femmes et enfants !

« Trois enfants, gravement blessés et orphelins, protestants, sont envoyés, me dit-on, à la reine d'Angleterre. »

. . . .

Un courrier, qui a franchi en une course très-rapide de quatorze heures la distance qui sépare Damas de Beyrouth, est arrivé ici le 10, dans la matinée, au consulat général de France. Le résumé des événements est celui-ci :

« Le 9, plusieurs chrétiens ont été assaillis et tués, puis le mouvement s'est étendu, et la population musulmane, enhardie par l'inaction ou le manque d'énergie de l'autorité, s'est portée aux consulats, les a envahis, pillés et brûlés. Par une exception que je ne me charge pas d'expliquer, le consulat anglais avait été jusque-là respecté.

« Tous les consuls avaient réussi à gagner, on ne sait comment, la maison d'Abd-el-Kader, qui aura probablement facilité leur évasion ; ils étaient réfugiés là avec leur personnel et leurs familles, y compris le consul d'Angleterre. L'agent consulaire des Etats-Unis avait été attaqué et blessé dans le trajet.

« D'après un autre courrier parti de Damas dans la nuit du 9 au 10, 5 à 600 chrétiens avaient déjà été mis à mort. Le massacre continuait. Les deux pachas restaient, dit-on, impassibles.

« *P. S.* D'autres nouvelles apportées par des fugitifs de Damas augmentent le chiffre des victimes et confirment ce que je vous ai écrit plus haut. »